Georges A. Feldmann

Nesselräupchen und Federleicht

oratio

In einem
kleinen
Brennessel-
wäldchen kleben an
einem Brennesselblatt
ein paar winzige Eilein.
Darin ist ein Weben und Bewegen, bis
in einer hellen Mondnacht ein erstes
Räupchen seine Eihaut verlässt.
Es heisst Nesselräupchen, weil es in den Nesseln geboren
wurde. Nesseln sind auch seine Lieblingsspeise. Wie gut,
dass es gerade am richtigen Ort zur Welt gekommen ist!

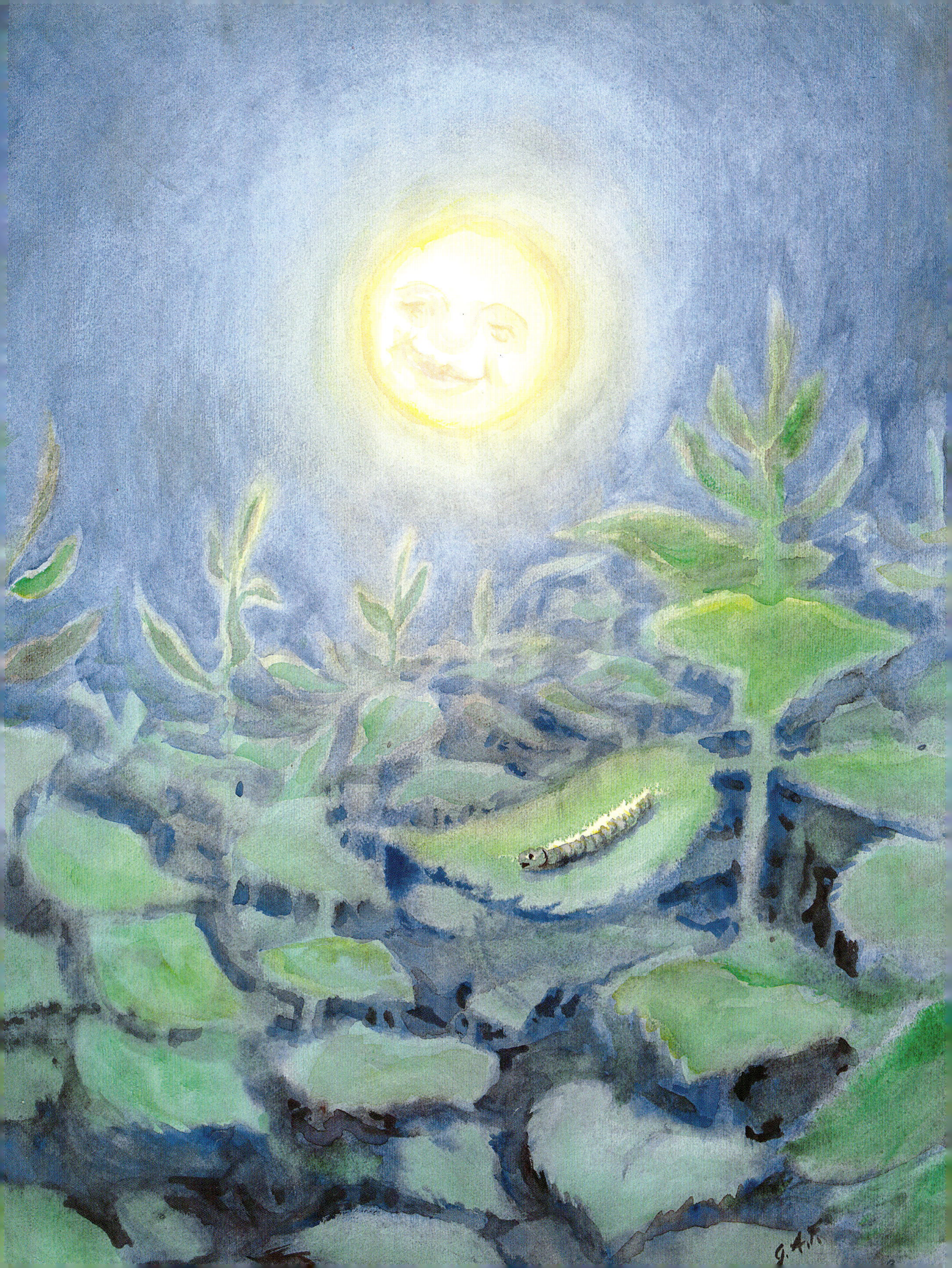

Immer dicker wird Nesselräupchen. Bis ihm eines Tages
auch seine zweite Haut, die Raupenhaut, zu eng wird und
langsam zerreisst.
Doch darunter ist ihm ein neues, grösseres Kleid gewachsen. Ein sammetschwarzes mit feinen gelben und weissen
Streifen und lustigen stachligen Härchen.
Auch die Sonnenstrahlen bewundern das schöne neue
Kleid. Ob das Nesselräupchen die Sonnenwärme spürt, wo
es doch nur immerzu fressen will?

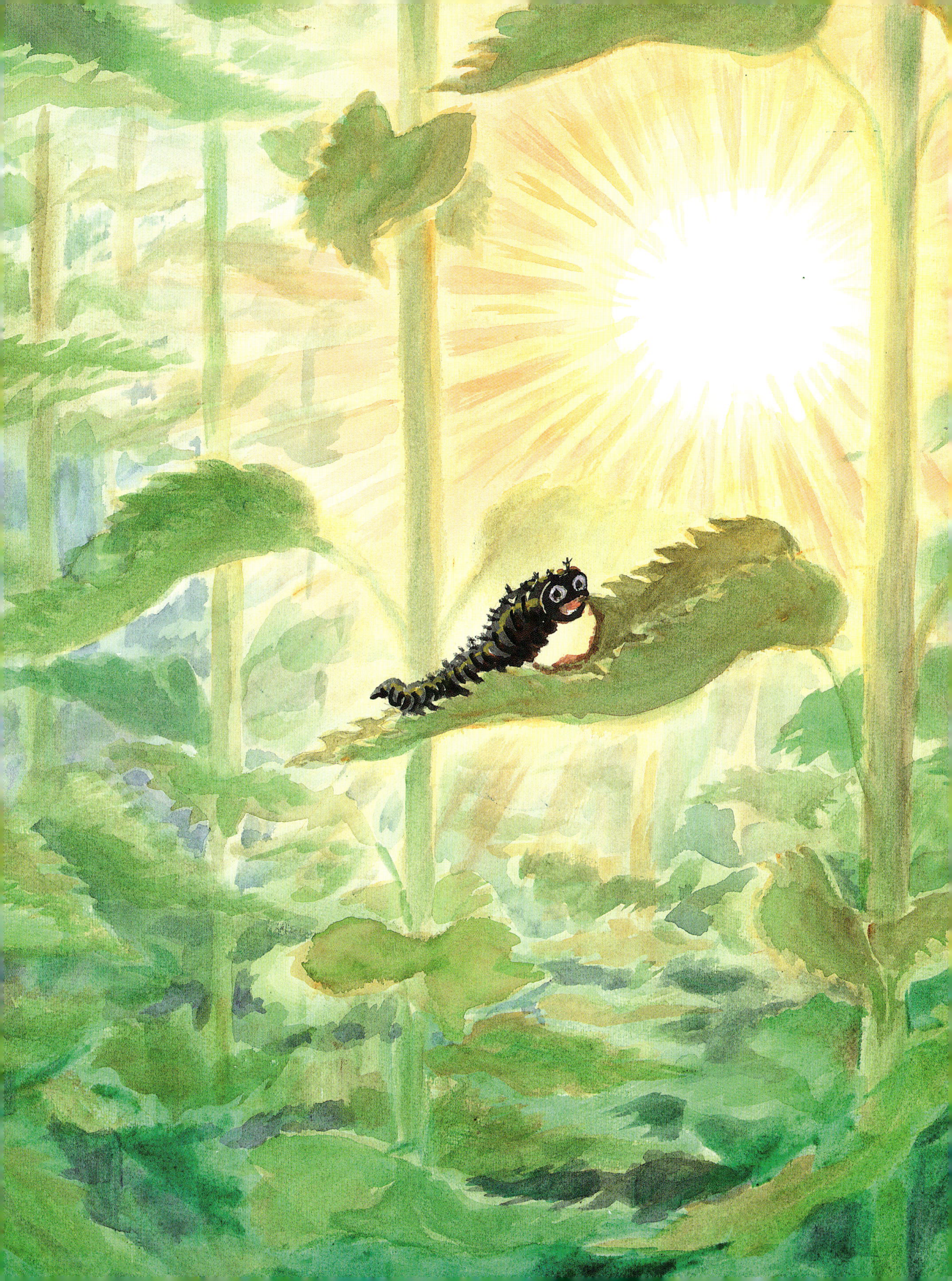

Eines Tages entdeckt eine liebe Vogelmutter auf der Futtersuche für ihre hungrigen Kleinen das dicke, feine Räupchen.
Gerade noch kann sich Nesselräupchen vor dem spitzen Vogelschnabel retten.
Aber, o weh! Beim Herumturnen fällt es von seinem Blatt und stürzt tief auf den Nesselwaldboden.

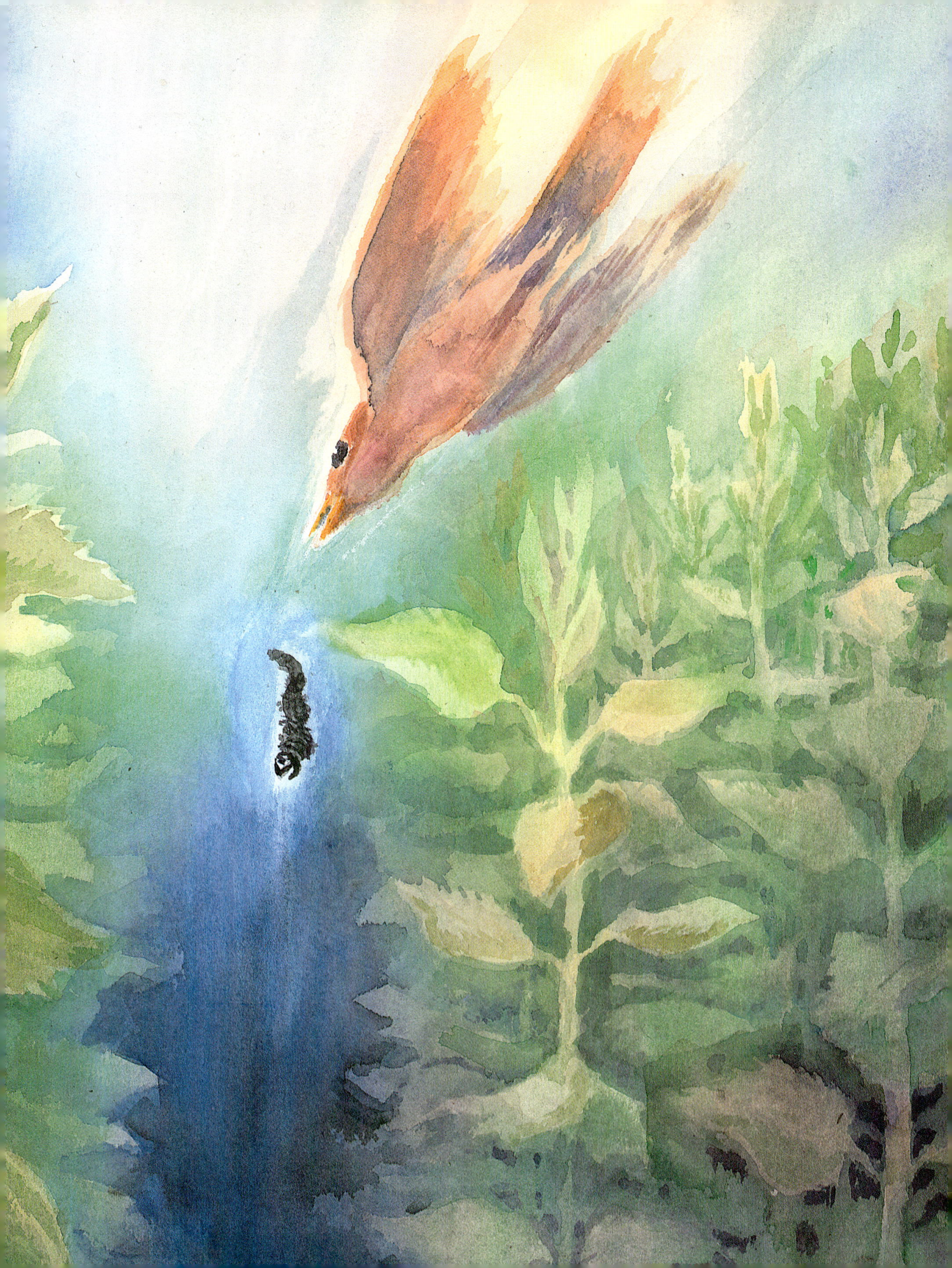

Welch ein Glück, dass es mitten auf ein weiches bemoostes Plätzchen fällt, gerade neben die harten Steine und eine grosse Schnecke.
Die Schnecke schaut es ganz erstaunt an. So schnell ist alles gegangen, dass sie ganz vergessen hat, zu erschrecken. Ja, so sind halt die Schnecken!

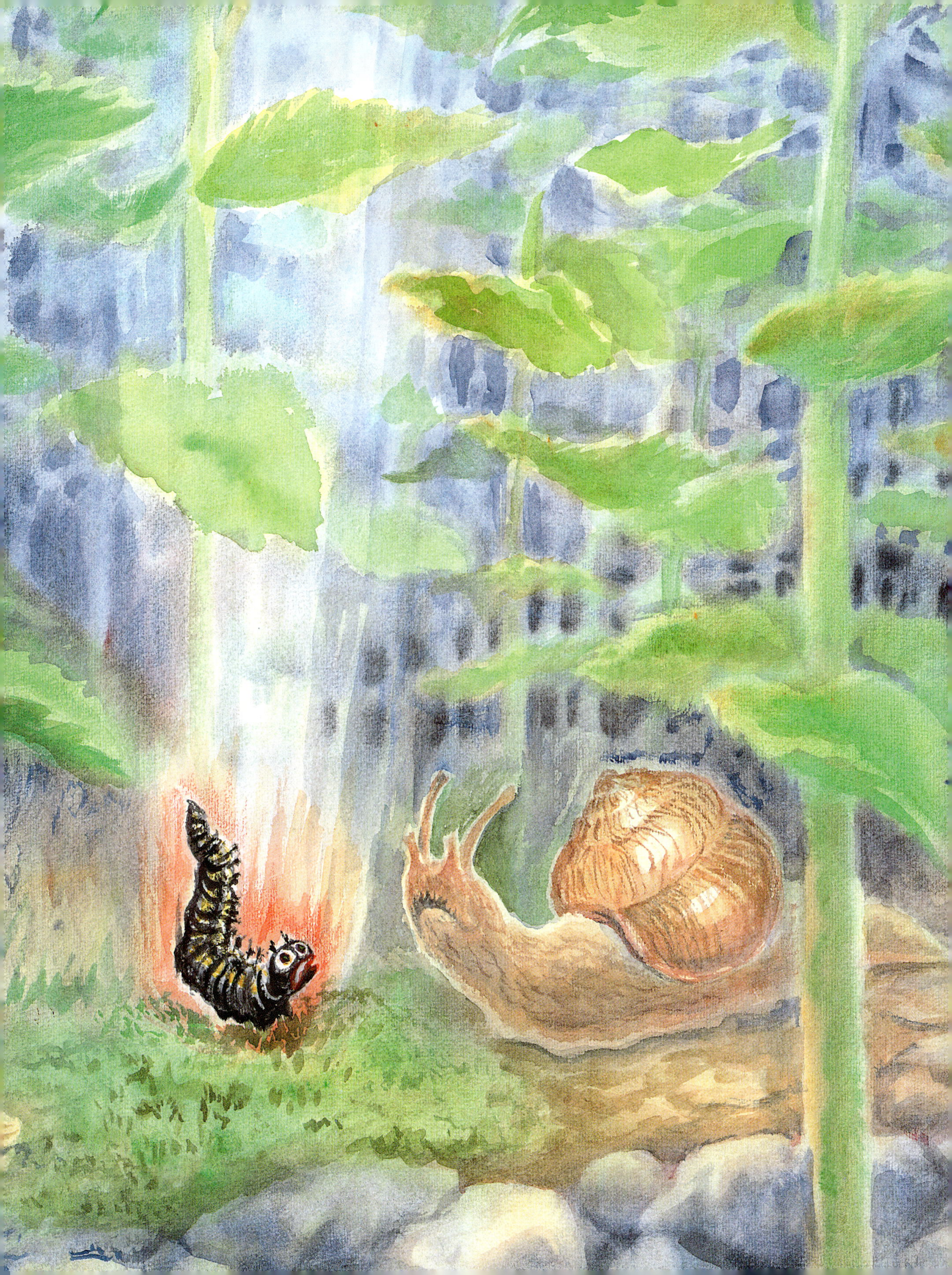

«Hast Du dir weh getan, hübsches Räupchen, ist auch nichts an dir gebrochen?», fragt besorgt die Schnecke.
«Ich könnte dich sonst gern mit meinem heilenden Schleim flicken.»
Nesselräupchen reckt sich und streckt sich, alles an ihm ist heil geblieben!
«Nein, nein, es tut gar nicht weh, nur ein bisschen – ziemlich fest –, aber ich werde gleich wieder Nesseln fressen, da geht es mir bald wieder besser.»
So ein Nimmersatt ist Nesselräupchen!

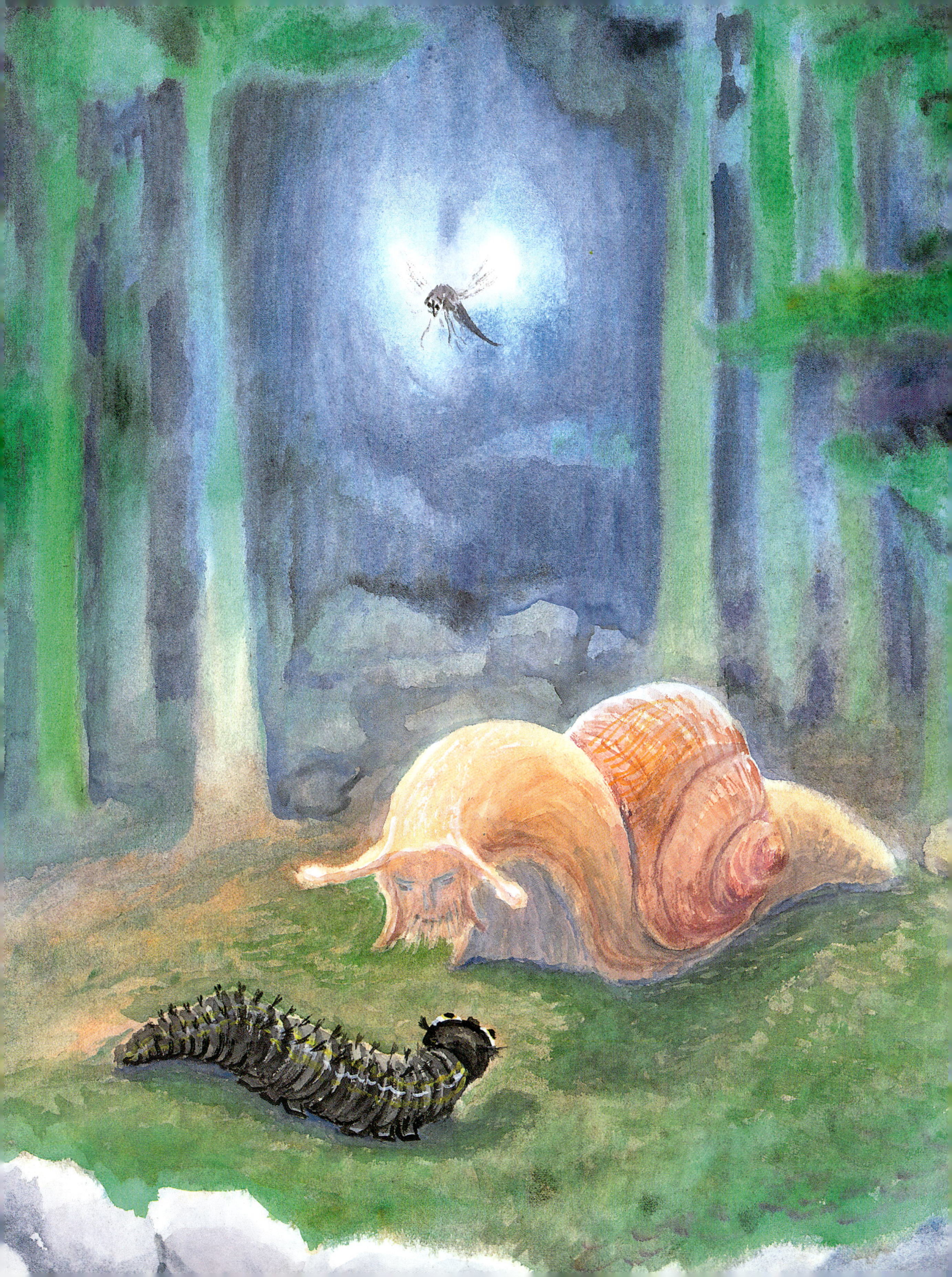

Am nächsten Morgen ist dem Nesselräupchen aber gar nicht wohl. Es mag nicht mehr fressen und ist so müde – fast meint es, es müsse sterben. Mit letzter Anstrengung klettert es den nächsten Brennesselstengel hoch, ehe es in einen tiefen, tiefen Schlaf fällt.

Schon tanzen leise die helfenden Elfen herbei und weben einen feinen, kleinen Schlafschrein für das schlafende Räupchen.

Es ist ein grosses Geheimnis, wie sie aus Sonnenlicht, feinen Wölkchen, Blumenduft und Wiesengrün ein kleines Wunderwerk schaffen.

Auch Knittel, das Zwerglein vom Nesselwald, kommt herbeigelaufen und bringt feinen Goldstaub aus seiner Erdhöhle mit, damit der Schrein auch fest genug werde. Bald ist die Schmetterlingspuppe fertig. Golddurchwirkt, fast wie ein Zwergenköpfchen anzusehen, hängt sie am borstigen Brennesselstengel.

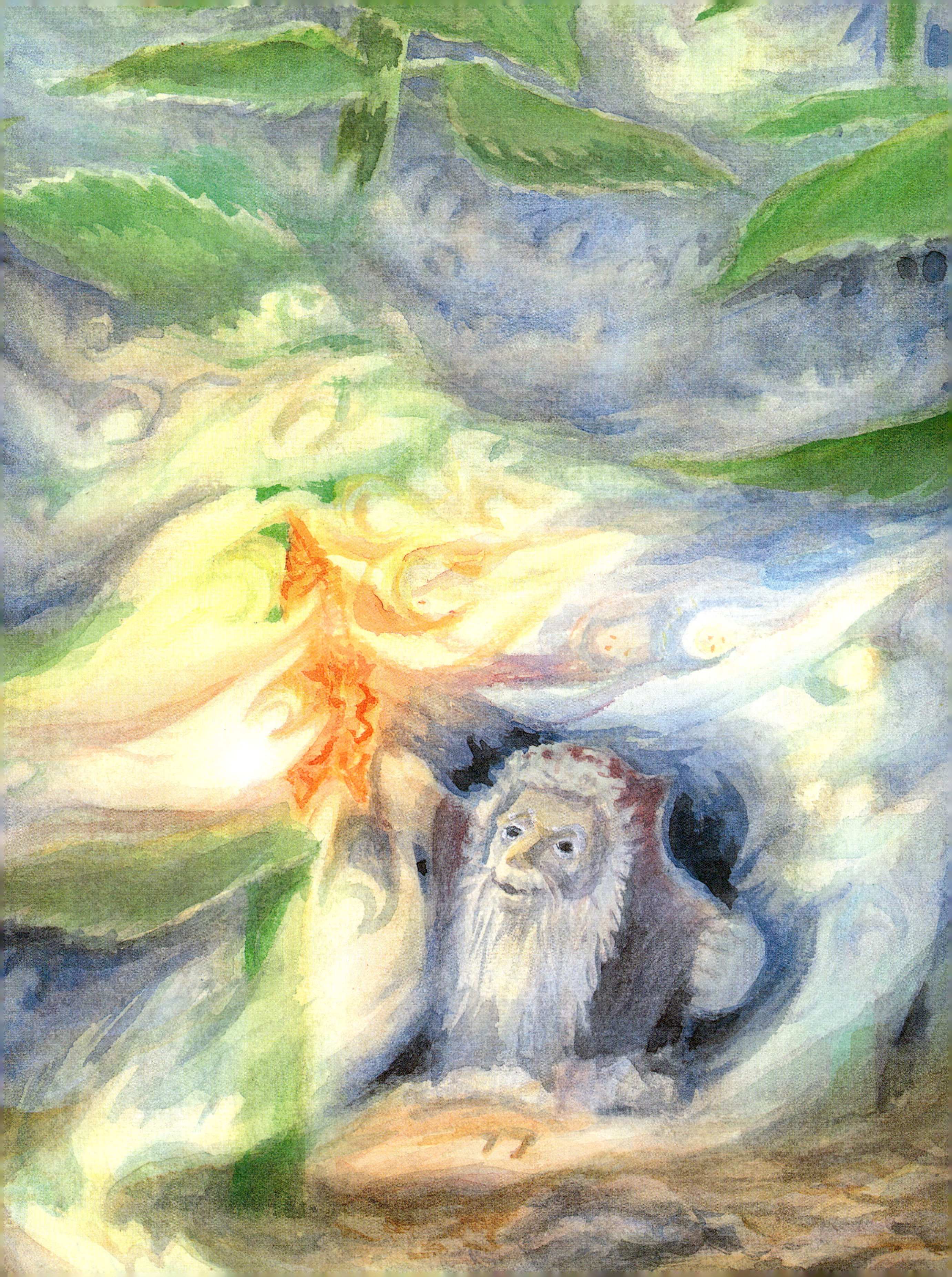

Knittel bewacht das Räupchen in seiner Puppe gut. Mit seinem Leuchtstein macht er sogar nachts die Runde, damit der Puppe auch ja nichts Ungutes geschehe.

Weil Zwerge immer schon alles wissen, wartet er schon darauf, dass am dreizehnten Tag des nächsten Monats die Elfenkönigin zu Besuch kommt.

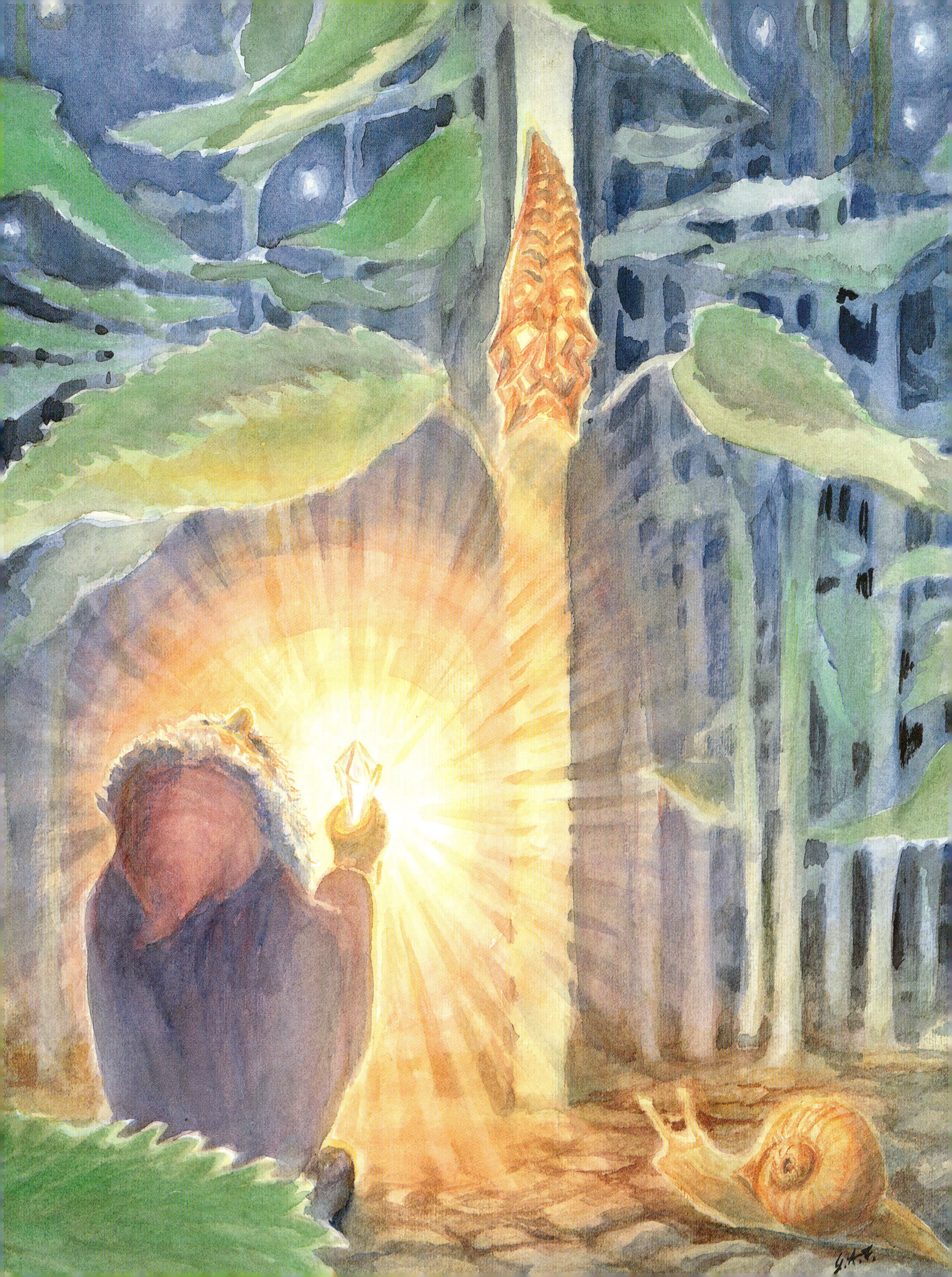

In seinem Schlafschrein aber träumt
Nesselräupchen einen langen, schönen
Schmetterlingstraum. Ihm träumt, es
habe Flügel und tanze federleicht durch
die Lüfte, weit um die Erde, der Sonne zu. Es
sieht lichte Engel und weit, weit unten die schöne Erde
mit dem Brennesselwäldchen.
Auch die Vogelmutter kann es nicht mehr erhaschen, weil
sie nicht so hoch fliegen kann.

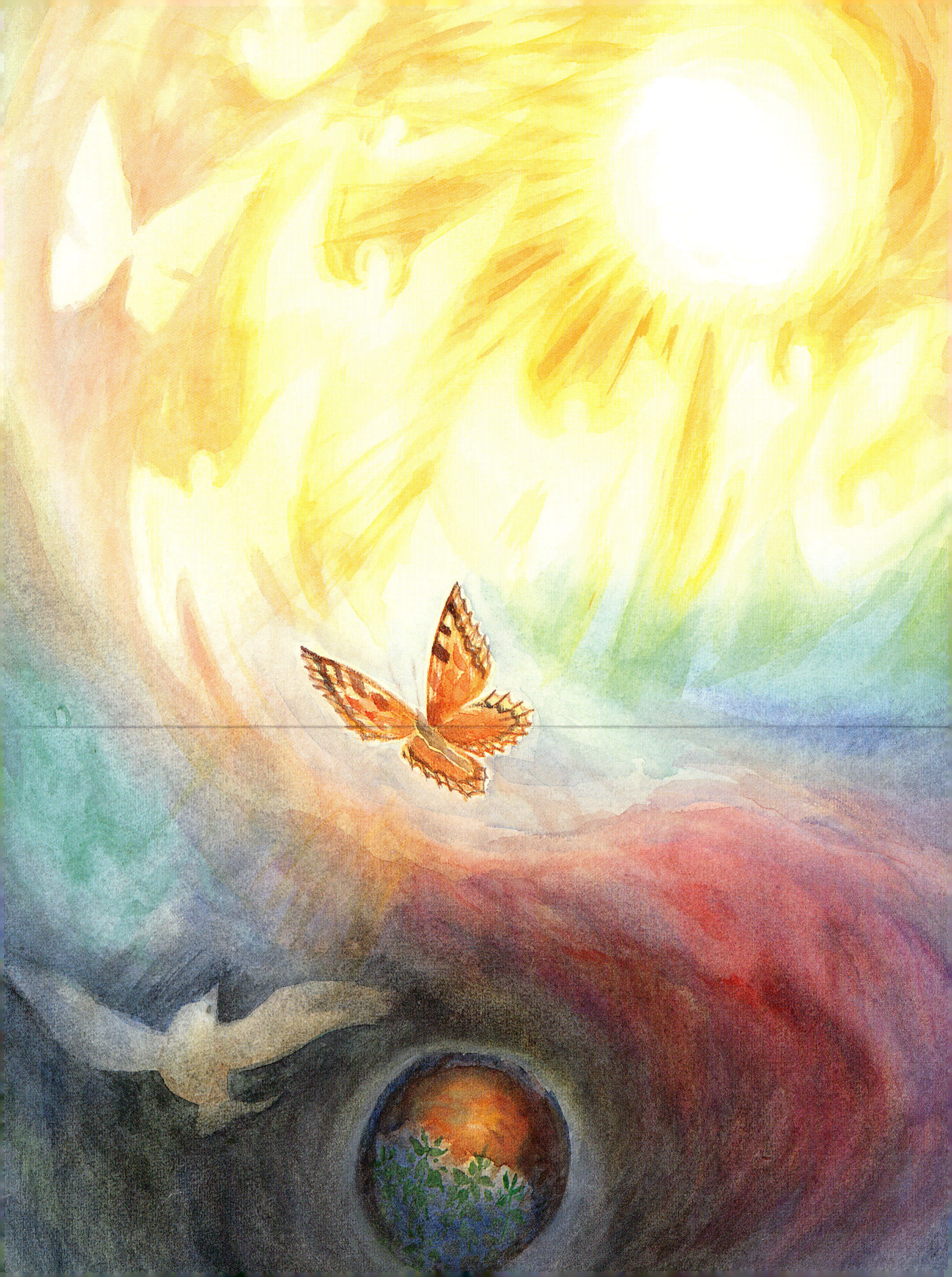

Als nun die richtige Zeit gekommen ist, erscheint die Elfenkönigin, gefolgt von vielen tausend kleinen Elfen. Freundlich nickt sie Knittel zu und schwebt dann zu Nesselräupchens Schrein.
Dreimal pocht sie sacht daran, um das Leben darin aufzuwecken.
Da springt die Puppe auf und ein Schmetterlingsmädchen kommt ans Tageslicht.
Seine Flügel sind noch ganz geschlossen. Und wie es sie vorsichtig öffnet, sehen alle, was für ein wunderschöner Schmetterling aus dem Nesselräupchen geworden ist.

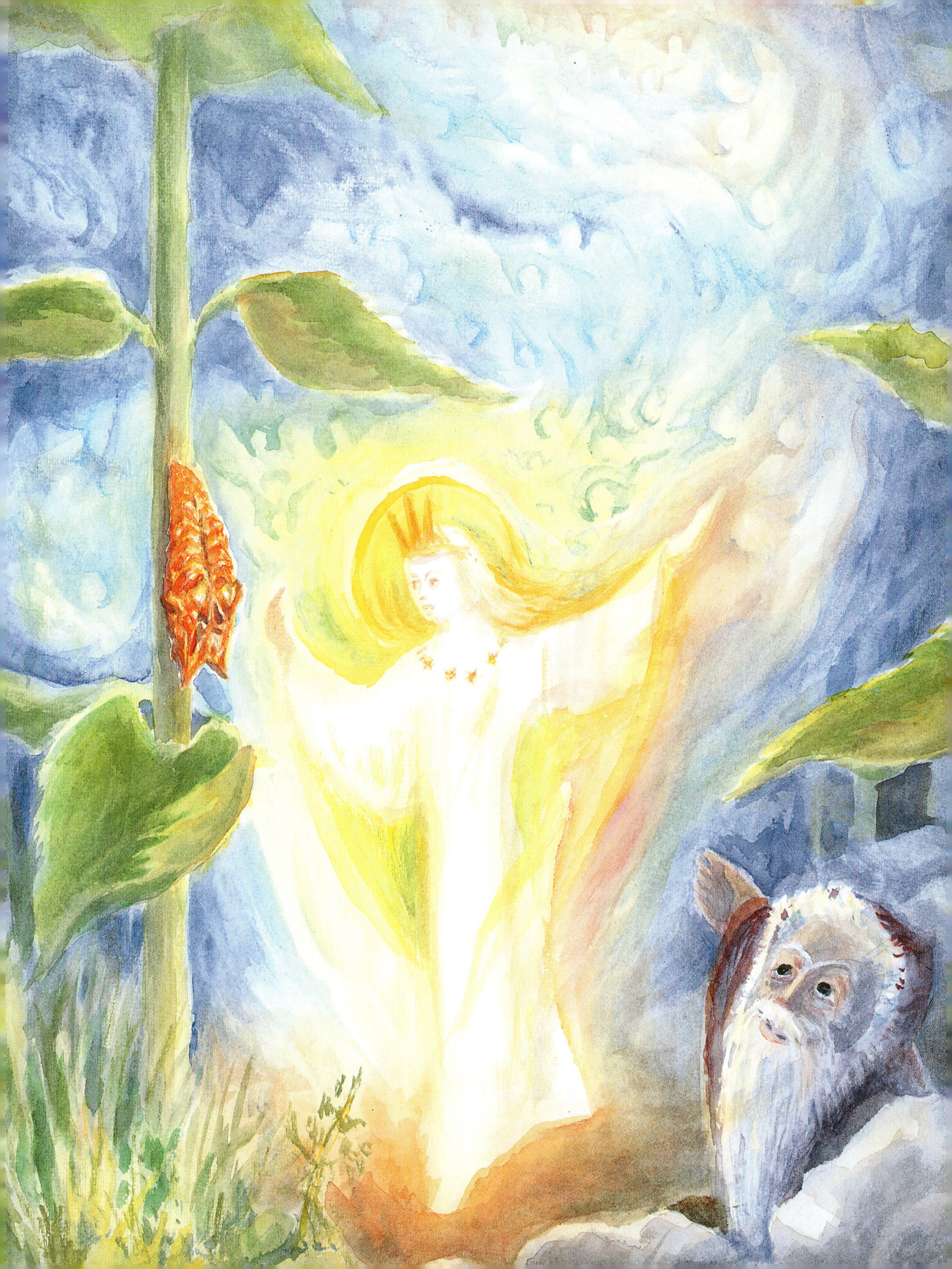

Im Nesselwald wird es ganz still.
«Dein Name sei 'Federleicht'», sagt
die Elfenkönigin, «deine Flügel
sollen erstarken und sich entfalten
– du sollst fröhlich sein und
Blumen und Menschen erfreuen,
bis die Zeit gekommen ist, der
Sonne entgegen zu fliegen.»
Leise zittern die Falterflügel
im stillen Sonnenlicht und
spannen sich weiter und weiter, bis Federleicht auf und
davon flattert.

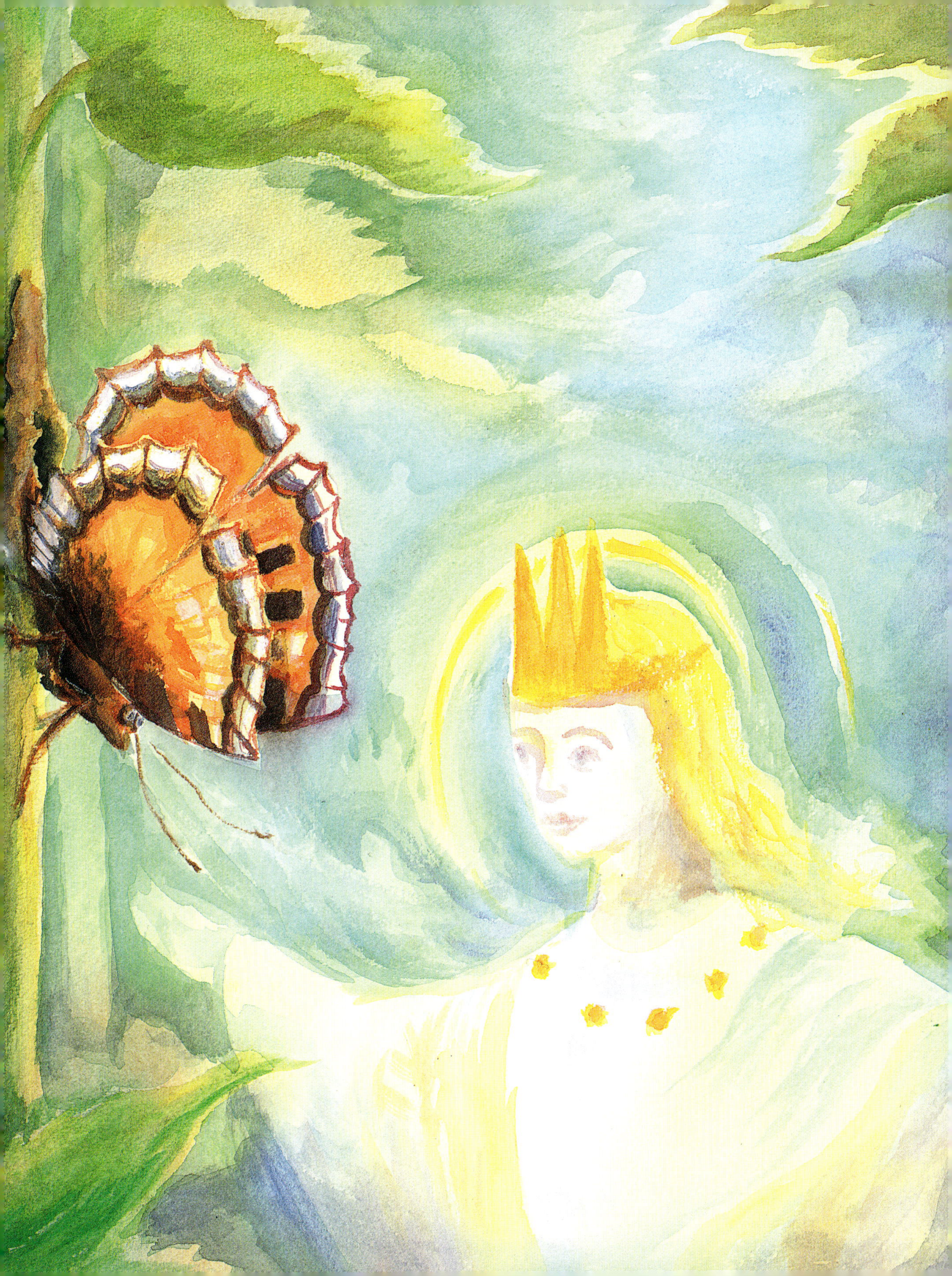

Die Elfen sind nun seine Spielkameraden. Übermütig fliegt Federleicht mit ihnen um die Wette und reitet auf den warmen Sonnenstrahlen über Berg und Tal.
Es schaukelt und gaukelt über Gärten und Wiesen, besucht die vielen bunten Blumen und erfreut die Herzen der Menschen.
Mit seinen Schmetterlingsfreunden spielt Federleicht nun fröhlich vom Morgen bis zum Abend.

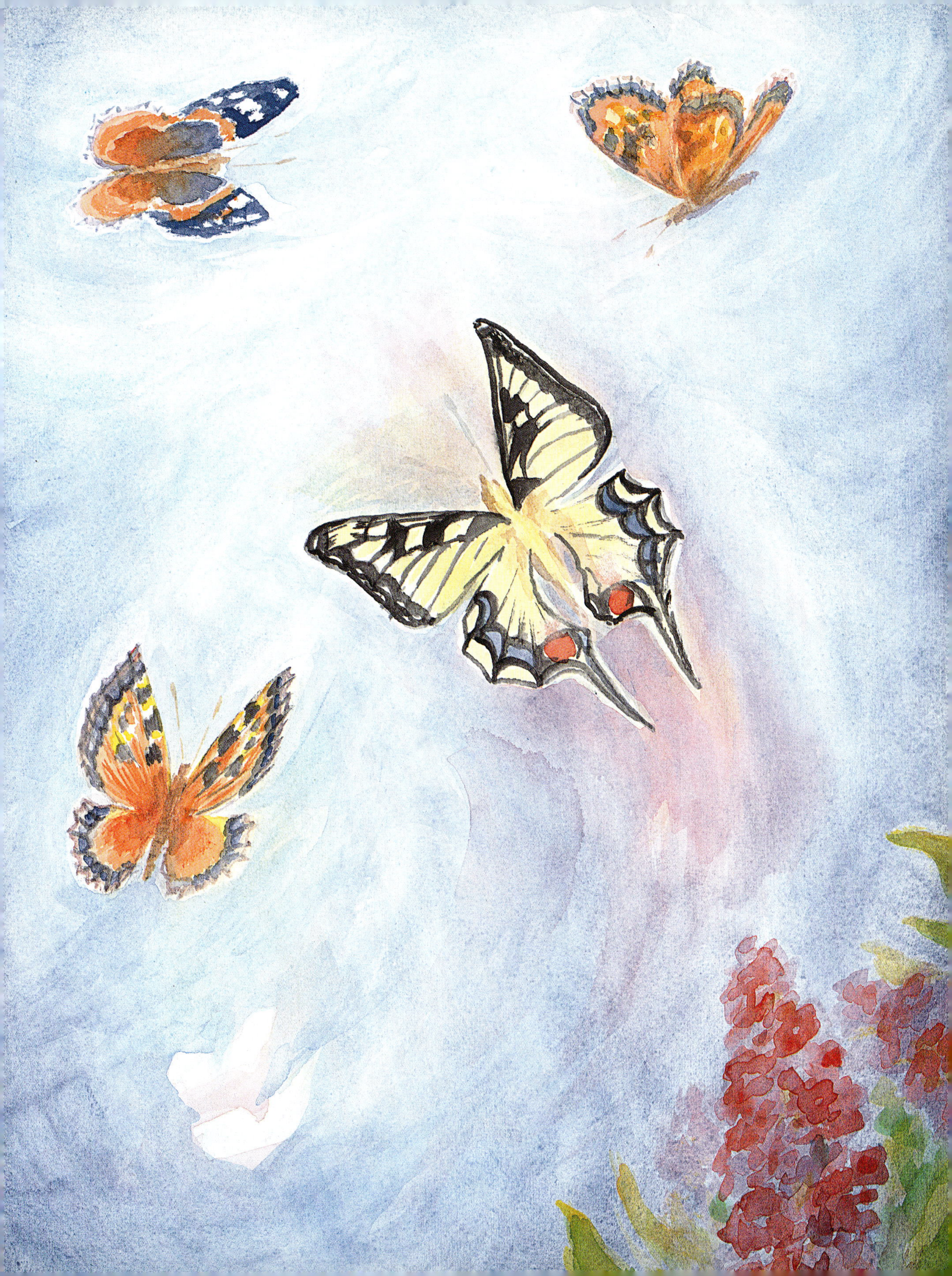

Eines schönen Tages begegnet Federleicht dem aller-allerschönsten Schmetterling, den es je gesehen hat. Sein Herz schlägt laut vor Freude.
Der schöne Schmetterlingsmann schaut Federleicht liebevoll an. Auch sein Herz freut sich, dass er Federleicht gefunden hat.
Nun tanzen Federleicht und sein Bräutigam gemeinsam über die schöne Erde.

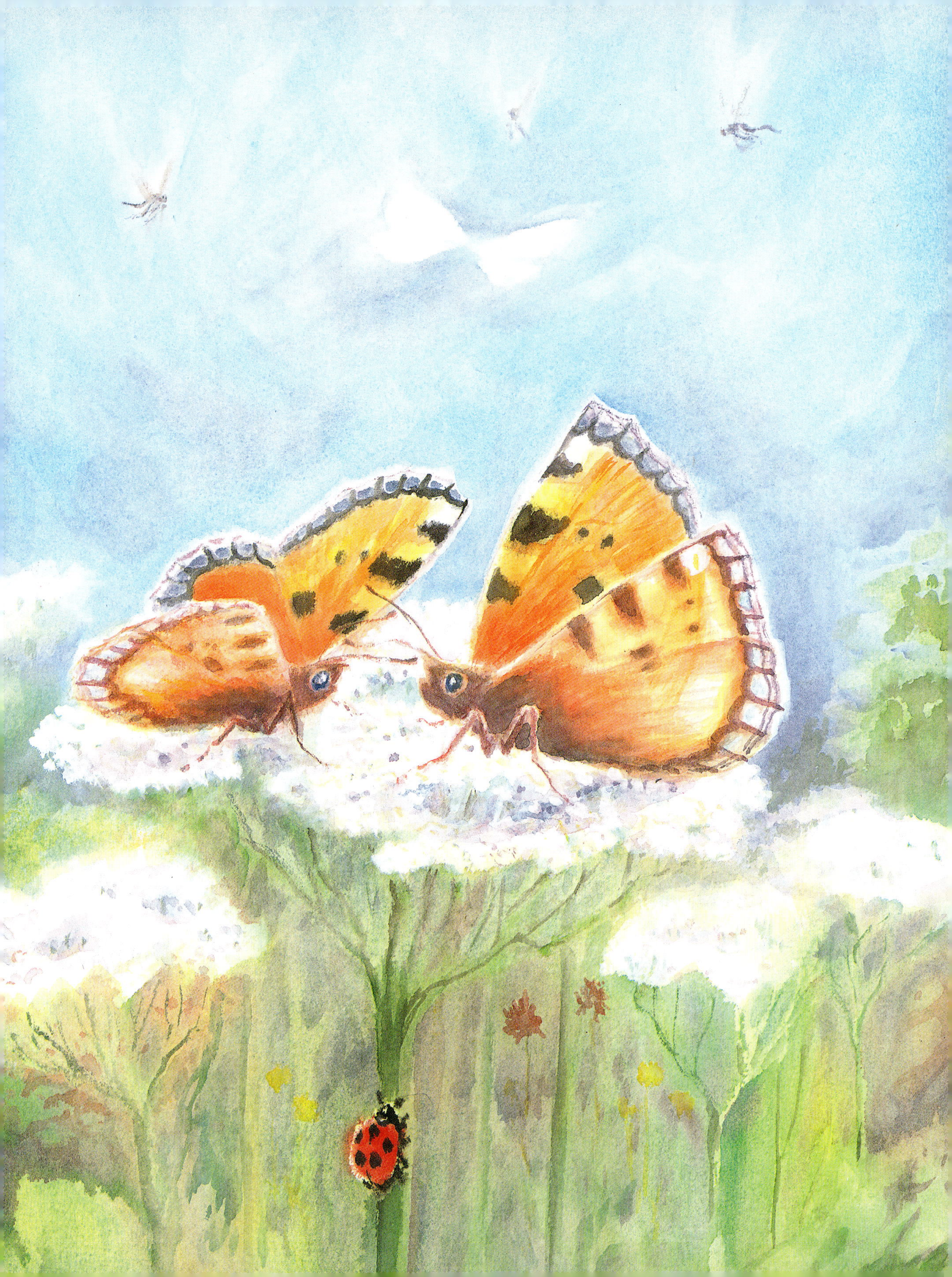

Da legt Federleicht an einem lauen Abend viele winzige
Eilein auf ein Nesselblatt. Ist es wohl im selben
Nesselwäldchen, wo Nesselräupchen geboren wurde?
Etwas später – wars kurz, wars lang – kriecht Federleicht
sommermüde unter einen warmen Stein.

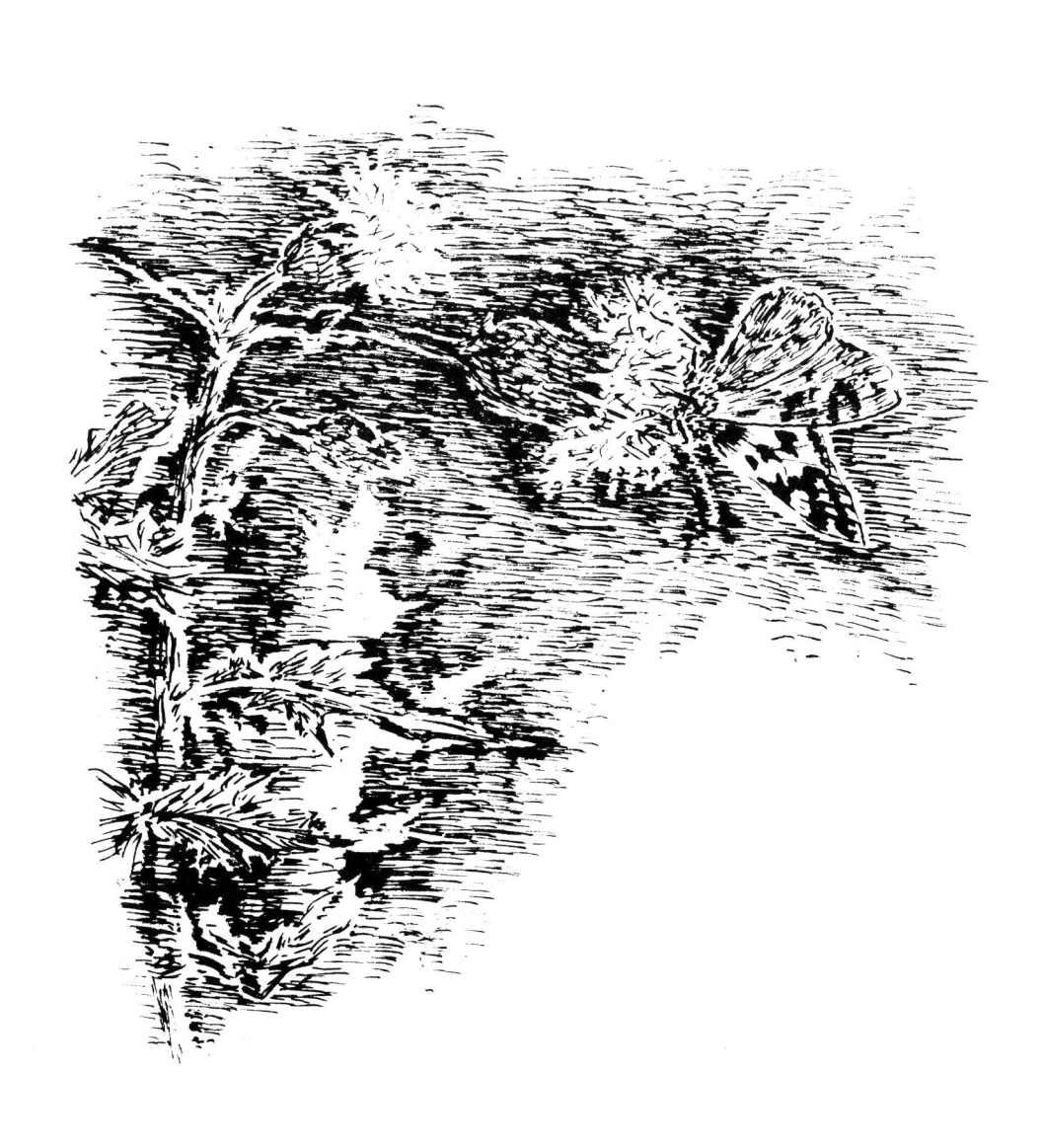

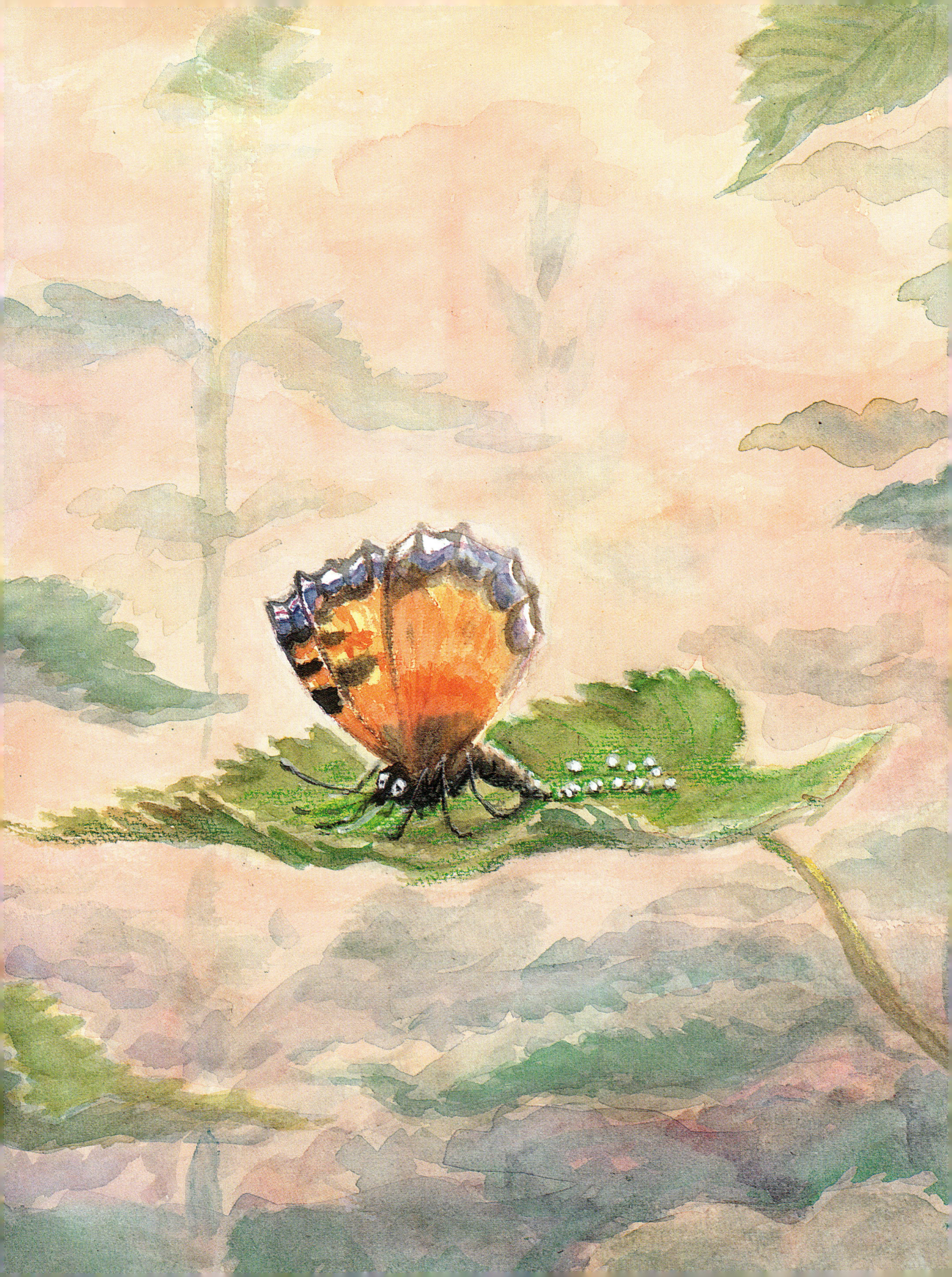

Hier legt es sein Sommersonnenkleid ab.
Die Zwerge kommen herbei und betrachten es traurig.
Auch Knittel ist dabei.
Nun ist Federleichts Erdenreise zu Ende.
Sanft nehmen die Zwerge den Goldstaub aus Federleichts Kleid und tragen ihn sorgsam in ihre Höhlen, um ihn für später aufzubewahren.

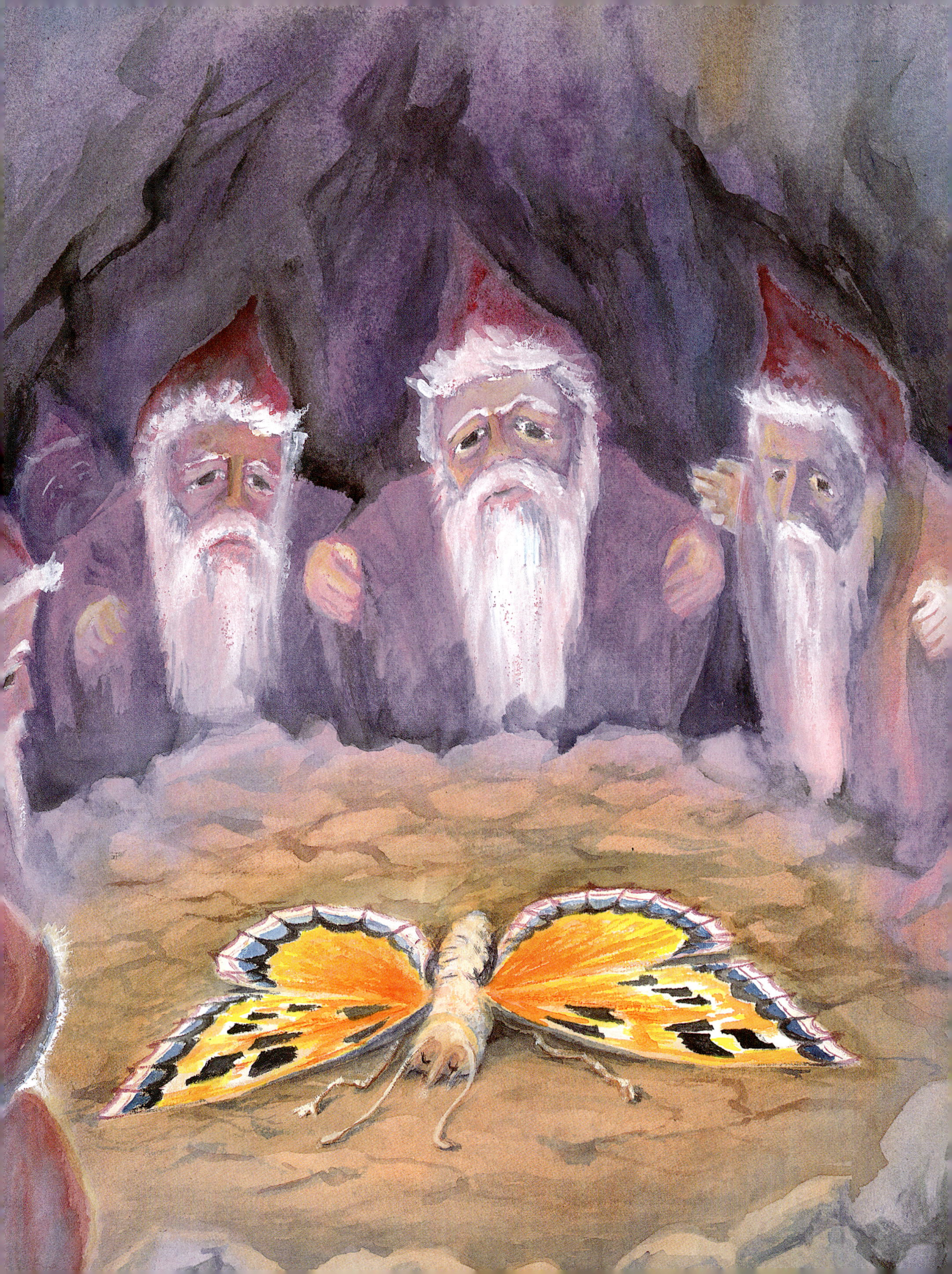

Federleicht
aber entschwindet
wie ein kleiner heller
Blitz zum Himmel, wo
es die Sylphen in ihre Arme
schliessen und bei sich aufnehmen.

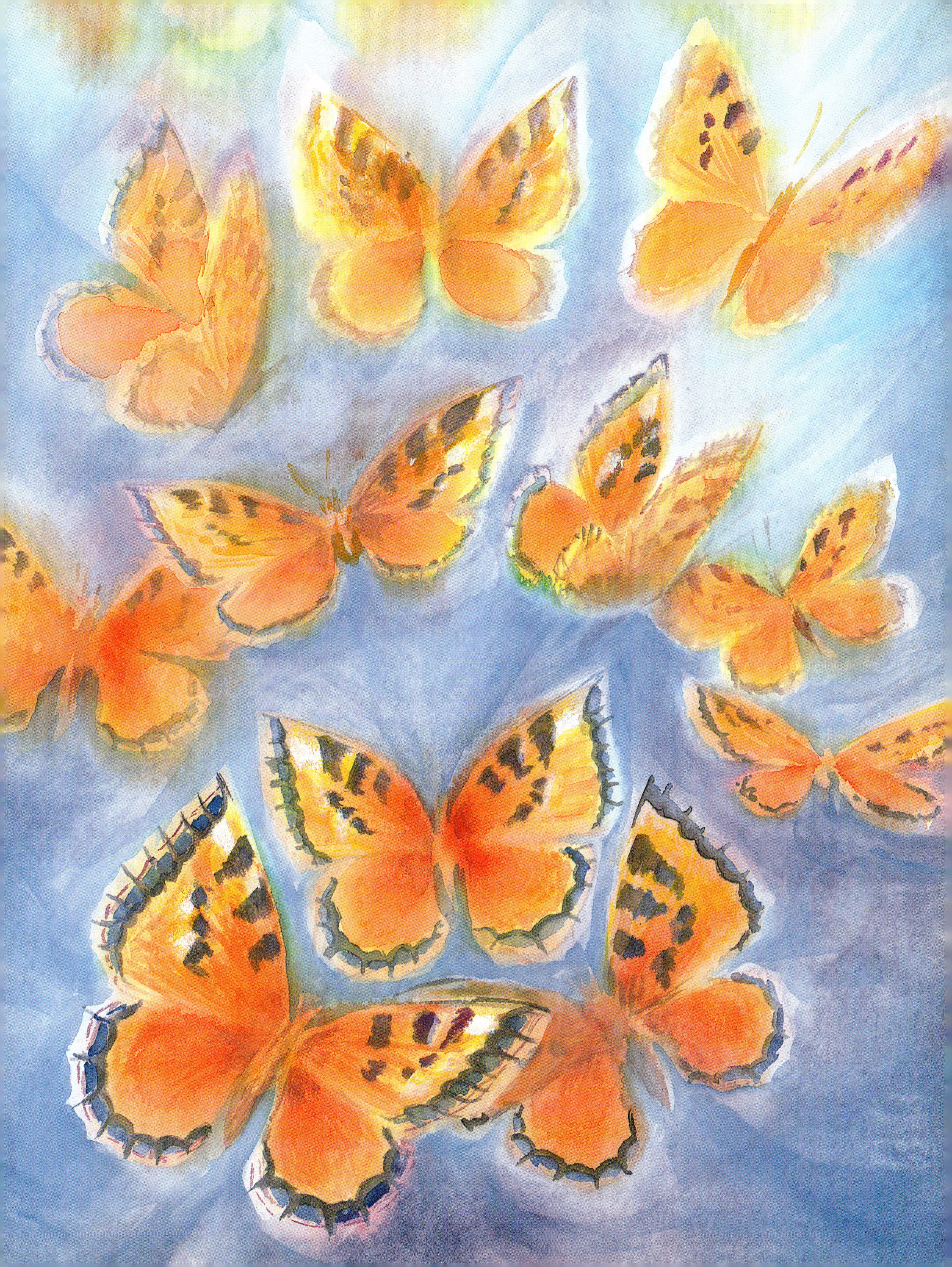

Und wenn du, mein liebes Kind, die frischgelegten Eilein entdeckst und eines ganz genau betrachtest, so fängt die Geschichte von Nesselräupchen und Federleicht grad von Neuem an.

Georges A. Feldmann

Nesselräupchen und Federleicht

© 2000
Alle Rechte vorbehalten
Oratio Verlag GmbH
oratio books
Postfach 1063
8201 Schaffhausen
Gesamtherstellung:
Tipolitografia Petruzzi
Corrado & C.Snc.,
Città di Castello
ISBN 3-7214-4517-1

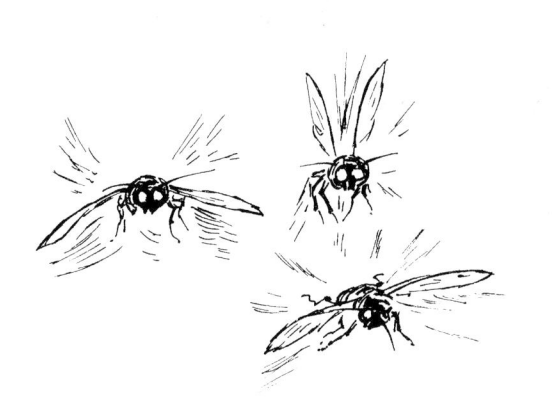